en español

HISTORIA GRÁFICA

Los SOLDADOS BÚFALO y el OESTE AMERICANO

por Jason Glaser
ilustrado por Tod Smith
y Charles Barnett III

Consultor:
Dr. Lois Brown
Colegio Mount Holyoke
South Hadley, Massachusetts

Capstone press®

Mankato, Minnesota

Graphic Library is published by Capstone Press,
151 Good Counsel Drive, P.O. Box 669, Mankato, Minnesota 56002.
www.capstonepress.com
Printed in the United States of America

1 2 3 4 5 6 11 10 09 08 07 06

Library of Congress Cataloging-in-Publication Data
Glaser, Jason.
    [Buffalo soldiers and the American West. Spanish]
    Los soldados de búfalo y el Oeste americano/por Jason Glaser; ilustrado por Tod Smith y
Charles Barnett III.
    p. cm.—(Graphic library. Historia gráfica)
    Includes bibliographical references and index.
    ISBN–13: 978–0–7368–6615–6 (hardcover : alk. paper)
    ISBN–10: 0–7368–6615–9 (hardcover : alk. paper)
    ISBN–13: 978–0–7368–9683–2 (softcover pbk. : alk. paper)
    ISBN–10: 0–7368–9683–X (softcover pbk. : alk. paper)
    1. African Americans—West (U.S.)—History—19th century—Juvenile literature. 2. African
American soldiers—West (U.S.)—History—19th century—Juvenile literature. 3. United States.
Army—African American troops—History—19th century—Juvenile literature. 4. Frontier and
pioneer life—West (U.S.)—Juvenile literature. 5. Indians of North America—Wars—
1866–1895—Juvenile literature. I. Smith, Tod. II. Barnett, Charles, III. III. Title. IV. Series.
E185.925.G54318 2007
978.00496073—dc22   2006042648

Summary: In graphic novel format, tells the story of the African American soldiers known as
    Buffalo Soldiers, who fought against American Indians and protected the Western Frontier of
    the United States, in Spanish.

Art and Editorial Direction	Editor	Designer
Jason Knudson and Blake A. Hoena	Donald Lemke	Bob Lentz
Colorists	Translation	
Bob Lentz and Kim Brown	Mayte Millares and Lexiteria.com	

Nota del editor: Los diálogos con fondo amarillo indican citas textuales de fuentes
fundamentales. Las citas textuales de dichas fuentes han sido traducidas a partir del inglés.

Direct quotations appear on the following pages:
Page 12 (commissioner), from PBS Online's *American Experience,* "Transcontinental Railroad"
    (http://www.pbs.org/wgbh/amex/tcrr/sfeature/sf_map_text_07.html).
Page 12, from Santanta's speech at Medicine Lodge, 1867, as quoted in Oklahoma Historical
    Society's *Chronicles of Oklahoma,* Volume 13, No. 1, March, 1935, "The Kiowa's
    Defiance" (http://digital.library.okstate.edu/Chronicles/v013/v013p030.html).
Page 24, from *African Americans on the Western Frontier* edited by Monroe Lee Billington and
    Roger D. Hardaway (Niwot: University Press of Colorado, 1998).
Page 26, from *American Patriots: The Story of Blacks in the Military from the Revolution to
    Desert Storm* by Gail Lumet Buckley (New York: Random House, 2001).
Page 27, from *My American Journey* by Colin Powell with Joseph E. Persico (New York:
    Random House, 1995).

TABLA DE CONTENIDOS

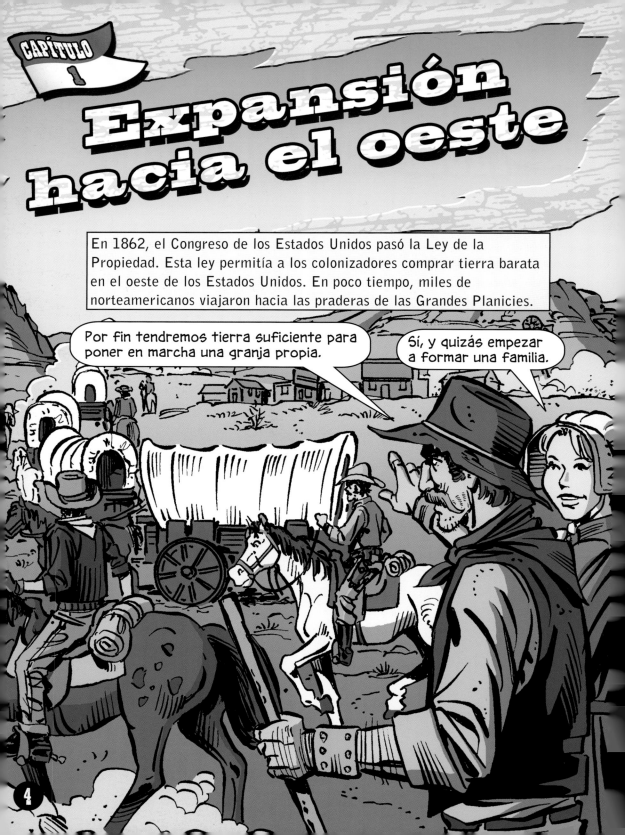

CAPÍTULO 1

Expansión hacia el oeste

En 1862, el Congreso de los Estados Unidos pasó la Ley de la Propiedad. Esta ley permitía a los colonizadores comprar tierra barata en el oeste de los Estados Unidos. En poco tiempo, miles de norteamericanos viajaron hacia las praderas de las Grandes Planicies.

Por fin tendremos tierra suficiente para poner en marcha una granja propia.

Sí, y quizás empezar a formar una familia.

Las tribus de indios norteamericanos habían vivido a lo largo de la Frontera del Oeste por cientos de años.

Cada día, más personas blancas vienen aquí. Construyen caminos, casas y ahuyentan a los búfalos.

Sin los búfalos, nuestras familias morirán de hambre.

¡Debemos hacer algo!

Durante los siguientes años, algunos indios intentaron ahuyentar a los colonizadores blancos.

¡Corre, Emily!

¡Corre!

En julio de 1866, el Congreso formó unidades militares de afroamericanos para proteger el Oeste Norteamericano. Algunas eran divisiones a caballo que se llamaban caballerías. Otras eran divisiones de infantería que pelearían a pie.

JOIN THE ARMY

¿Qué dice ese anuncio?

Si se enlistan, les enseñaremos a leer. ¡Y les pagaremos por aprender!

Es la mejor oferta que van a obtener muchachos.

Quizás él tenga razón.

Con pocas oportunidades de trabajo y educación disponibles, muchos afroamericanos decidieron enlistarse. Durante el primer año, casi dos mil se registraron para luchar a caballo. Formaban casi el 20 por ciento del total de la caballería norteamericana.

CAPÍTULO 2

Manteniendo el orden

En la primavera de 1867, los primeros soldados afroamericanos terminaron el entrenamiento y se dirigieron hacia las Grandes Planicies. Meses antes, Custer había dirigido a un grupo de soldados blancos al área. Custer y su 7ª Caballería mataron a muchos indios norteamericanos y destruyeron sus casas.

Cuando las tropas afroamericanas llegaron, los indios norteamericanos estaban listos para la guerra.

¡Necesito ayuda! Casi ya no tengo municiones.

Nunca esperé que la lucha comenzara tan pronto.

En octubre, el Presidente Andrew Johnson formó la Comisión India de la Paz. Este grupo se reunió en Kansas con líderes Cheyenne, Kiowa, Apache, Comanche y Arapaho.

He escuchado que intentan establecernos en una reserva cerca de las montañas.

Sí, pensamos construir un ferrocarril a lo largo de estas tierras.

No quiero establecerme.

No puede detener la locomotora al igual que no puede detener el sol o la luna.

Después de las pláticas, algunos grupos estuvieron de acuerdo en mudarse a las reservas.

Santanta, parece que no tenemos otra opción.

Otros se rehusaron a ir en paz.

No abandonaré esta tierras. Lucharé has que seamos libres.

En el transcurso de los siguientes años, el gobierno de los Estados Unidos hizo tratados con las tribus indias en la frontera del oeste. Muchos soldados búfalo construyeron y protegieron los fuertes cerca de las reservas.

¡Tiren!

También perseguían a los cazadores que estaban matando a miles de búfalos.

¡Deténganse!

Conforme mueren los búfalos, también nuestra gente.

El gobierno de los Estados Unidos no nos ha dado las provisiones que nos prometió.

Debemos abandonar las reservas e ir en busca de comida.

CAPÍTULO 3

Ganándose el respeto

Para mediados de los años 1870, muchos indios norteamericanos habían huido de las reservas. Muchos atracaban a las colonias de blancos para obtener comida y provisiones.

Los soldados búfalo intentaron detener

Durante los siguientes 10 años, las unidades de Soldados Búfalo fueron dispersadas a lo largo del oeste americano.

OCÉANO PACÍFICO

Arrestaron a los forajidos en las praderas de las Grandes Planicies...

... persiguieron a los bandidos mexicanos a lo largo del desierto del suroeste...

...entregaron correo a través de los durísimos inviernos del oeste medio...

... y siguieron las huellas de los guerreros indios bajo el calor del sol de Texas.

Gracias a sus esfuerzos en el oeste, algunos Soldados Búfalo recibieron medallas. A otros se les dieron responsabilidades más importantes. En 1877, Henry O. Flipper se convirtió en el primer oficial afroamericano de los Soldados Búfalo.

Señores, hemos recibido nuevas órdenes. ¡Vamos a unirnos a la búsqueda de Victorio!

Sí Señor, Teniente Flipper.

Victorio era un líder Apache que atracaba ranchos y pequeños pueblos en Texas para obtener armas y provisiones.

Los líderes de México también querían atrapar a Victorio. En 1880, le permitieron la entrada al país a la 10ª Caballería.

Victorio no pudo regresar a los Estados Unidos.

Después de haber peleado valientemente, fue asesinado por tropas mexicanas el 15 de octubre de 1880.

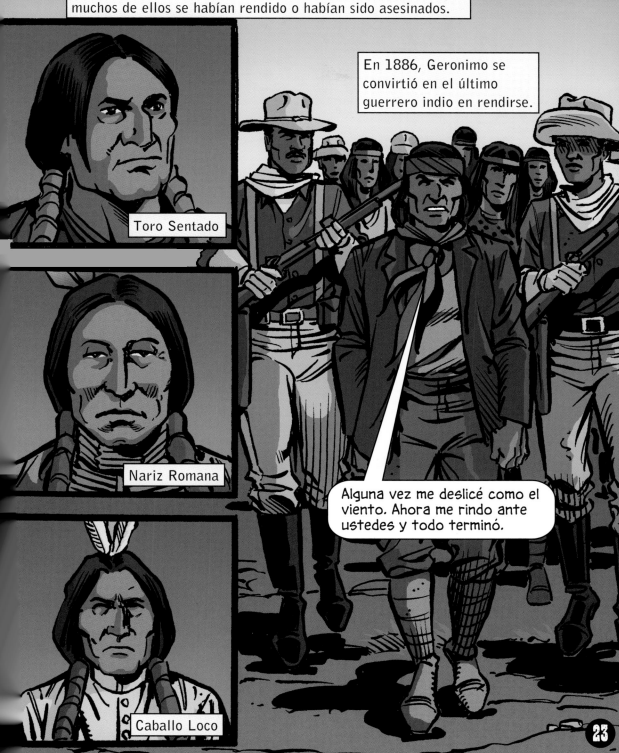

Al igual que Victorio, otros líderes indios lucharon para salvar su tierra y su forma de vida. Para mediados de los años 1800, muchos de ellos se habían rendido o habían sido asesinados.

Toro Sentado

En 1886, Geronimo se convirtió en el último guerrero indio en rendirse.

Nariz Romana

Caballo Loco

Alguna vez me deslicé como el viento. Ahora me rindo ante ustedes y todo terminó.

CAPÍTULO 4

Más allá de la frontera

Durante los años 1890, ya no se necesitaban a los Soldados Búfalo en la frontera. Muchos de los fuertes militares en el oeste de los Estados Unidos fueron cerrados. La mayoría de los soldados fueron asignados a puestos más grandes, tales como el Fuerte Douglas en Utah.

Bienvenido a Utah, oficial. Espero que sus tropas se porten tan bien como he escuchado.

Encontrará que nuestro regimiento tiene mejor comportamiento y mayor disciplinaque la mayoría de los soldados blancos.

En estos puestos, los Soldados Búfalo pasaban la mayoría del tiempo probando nuevas armas y equipo para el ejército de los Estados Unidos.

Lucharon al lado de Theodore Roosevelt, líder de los Rough Riders. Roosevelt luego se convirtió en presidente.

Nadie puede decir quienes de los Rough Riders o los Soldados Búfalo eran más valientes.

Después de la guerra contra España (1898), los Soldados Búfalo lucharon valientemente en la Segunda Guerra Mundial (1939–1945). Durante la Guerra de Corea (1950–1953), el ejército de los Estados Unidos ya no permitió la segregación. Los soldados afroamericanos ya no estaban separados de los soldados blancos.

En 1989, Colin Powell se convirtió en el primer jefe afroamericano del Estado Mayor Conjunto. Este es el cargo más alto en el ejército.

En 1990, Powell empezó la construcción de un monumento en honor a los Soldados Búfalo en Fort Leavenworth, Kansas.

Desde 1641, no ha habido momento en este país en el cual los negros no estuvieran dispuestos a servir y a sacrificarse por Norteamérica.

SOLDIERS

MÁS SOBRE LOS SOLDADOS BÚFALO

- El Congreso originalmente formó seis unidades militares de afroamericanos en 1866. Incluían la 9ª y 10ª caballería y las infanterías 38, 39, 40 y 41. Tres años más tarde, las unidades de infantería se juntaron para formar las infanterías 24 y 25.

- Mientras prestaban sus servicios en el ejército, los Soldados Búfalo ganaban $13 al mes más comida, ropa y hospedaje. Aunque la paga era baja, era la misma cantidad que recibían las tropas blancas.

- Antes de 1948, a las mujeres no se les permitía unirse al ejército. En noviembre 1866, una mujer afroamericana llamada Cathay Williams se disfrazó de hombre y se inscribió en el ejército, convirtiéndose así en la primera y única mujer perteneciente a los Soldados Búfalo. Durante sus dos años de servicio, se hizo llamar William Cathay.

- Los Soldados Búfalo probaron equipo nuevo para el ejército. Durante los años 1890, el Ejército de los Estados Unidos quiso reemplazar los caballos por bicicletas. En 1897, los Soldados Búfalo conocidos como el 25º Cuerpo de Infantería en Bicicleta, anduvieron en bicicleta 1,900 millas desde Missoula, Montana, hasta San Luis, Missouri. Fueron la única unidad en bicicleta del ejército.

Los Soldados Búfalo persiguieron a conocidos forajidos a través del Salvaje Oeste. Algunos de estos hombres infames fueron William "Billy the Kid" Bonney y Francisco "Pancho" Villa.

En 1870, Emmanuel Stance se convirtió en el primer Soldado Búfalo en recibir la Medalla de Honor. Este reconocimiento es el premio más alto al valor otorgado por el ejército de los Estados Unidos. Otros 17 Soldados Búfalo recibieron el premio por su valentía en el oeste.

En 1877, Henry O. Flipper, de 21 años de edad, se convirtió en el primer afroamericano en graduarse de West Point. Su carrera militar le ayudó a convertirse en el primer oficial afroamericano de los Estados Unidos.

En 2004, la 10ª Caballería, aún conocida como los Soldados Búfalo, luchó durante la Operación Libertad Iraquí. A diferencia de los Soldados Búfalo, esta unidad tenía tropas tanto blancas como afroamericanas. Fueron encabezadas por el Teniente Coronel Reginald Allen, el primer afroamericano en dirigir a los Soldados Búfalo en combate.

GLOSARIO

el Congreso—la rama del gobierno de los Estados Unidos que elabora las leyes

enlistar—unirse al ejército, la marina o a una de las otras fuerzas armadas

la frontera—los territorios no colonizados del oeste de Norteamérica en los años 1800

el poblado—un grupo de edificios y personas viviendo en ellos

la reserva—un área del territorio establecido por el gobierno de los Estados Unidos para los indios norteamericanos

el teniente—el primer rango de un oficial en la milicia; los oficiales tienen un rango más alto que los soldados regulares.

SITIOS DE INTERNET

FactHound proporciona una manera divertida y segura de encontrar sitios de Internet relacionados con este libro. Nuestro personal ha investigado todos los sitios de FactHound. Es posible que los sitios no estén en español.

Se hace así:

1. Visita *www.facthound.com*

2. Elige tu grado escolar.

3. Introduce este código especial **0736866159** para ver sitios apropiados según tu edad, o usa una palabra relacionada con este libro para hacer una búsqueda general.

4. Haz clic en el botón **Fetch It**.

¡FactHound buscará los mejores sitios para ti!

LEER MÁS

Barnett, Tracy. *The Buffalo Soldiers.* The American West. Broomall, Penn.: Mason Crest, 2003.

Clinton, Catherine. *The Black Soldier: 1492 to the Present.* Boston: Houghton Mifflin, 2000.

Flanagan, Alice K. *The Buffalo Soldiers.* We the People. Minneapolis, Minn.: Compass Point Books, 2005.

Halpern, Monica. *Railroad Fever: Building the Transcontinental Railroad, 1830–1870.* Crossroads America. Washington, DC: National Geographic, 2004.

Raabe, Emily. *Buffalo Soldiers and the Western Frontier.* Westward Ho! New York: PowerKids Press, 2003.

BIBLIOGRAFÍA

Buckley, Gail Lumet. *American Patriots: The Story of Blacks in the Military from the Revolution to Desert Storm.* New York: Random House, 2001.

Powell, Colin, with Joseph E. Persico. *My American Journey.* New York: Random House, 1995.

"Transcontinental Railroad."*American Experience.* PBS Online. http://www.pbs.org/wgbh/amex/tcrr/sfeature/ sf_map_text_07.html

ÍNDICE